THIS COLORING BOOK BELONGS TO

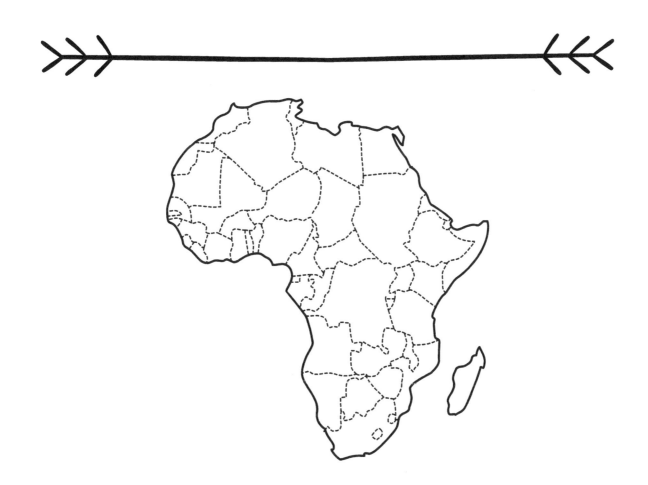

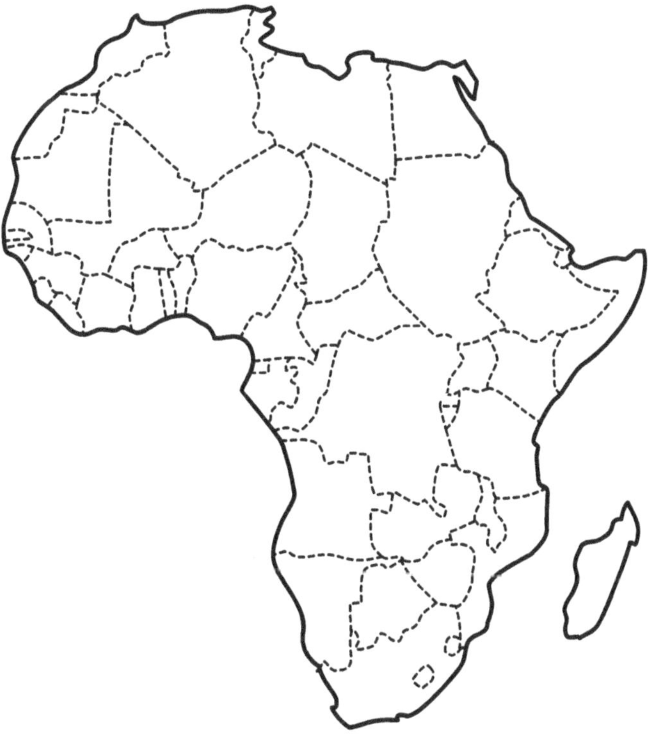

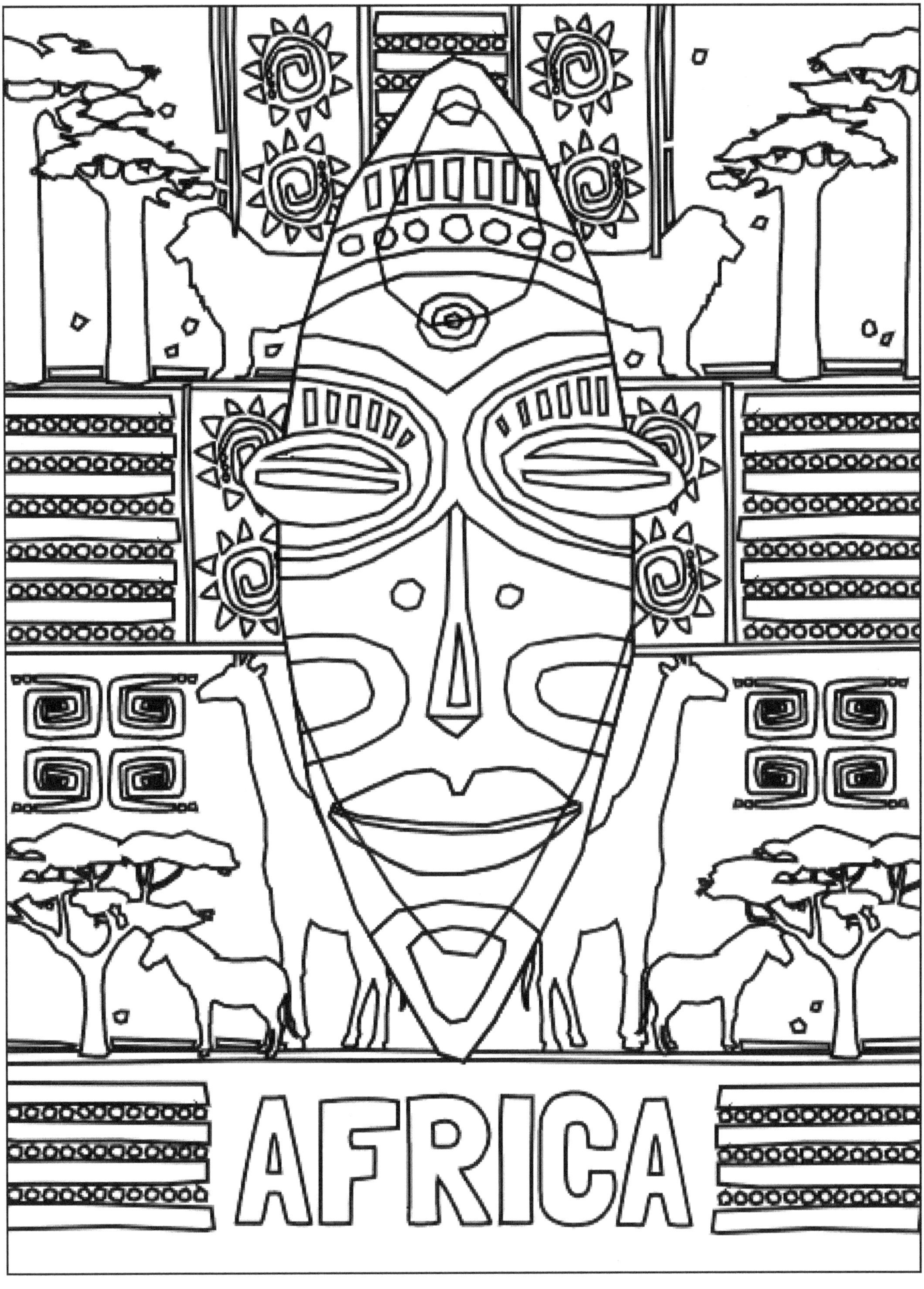
AFRICA

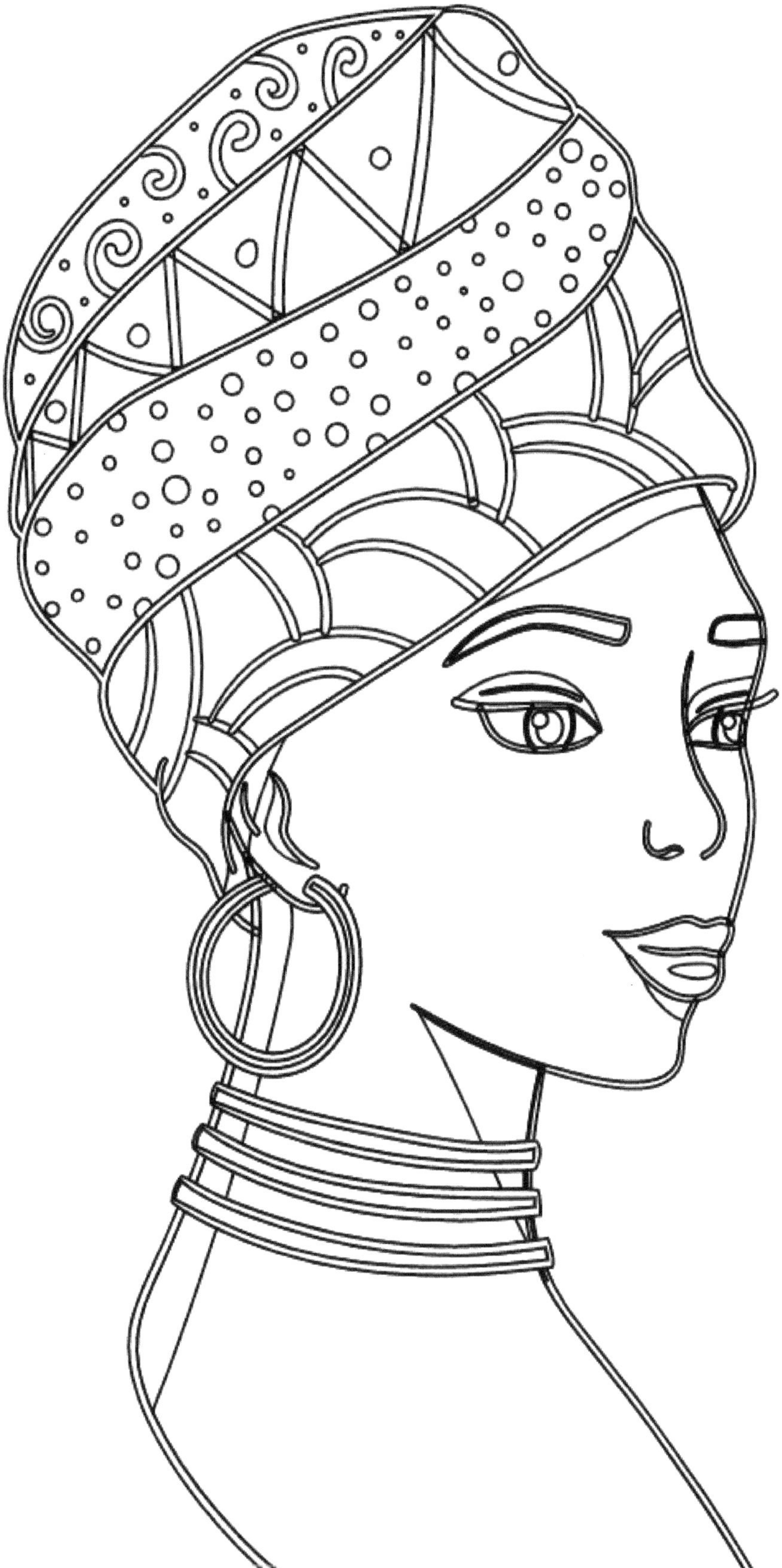

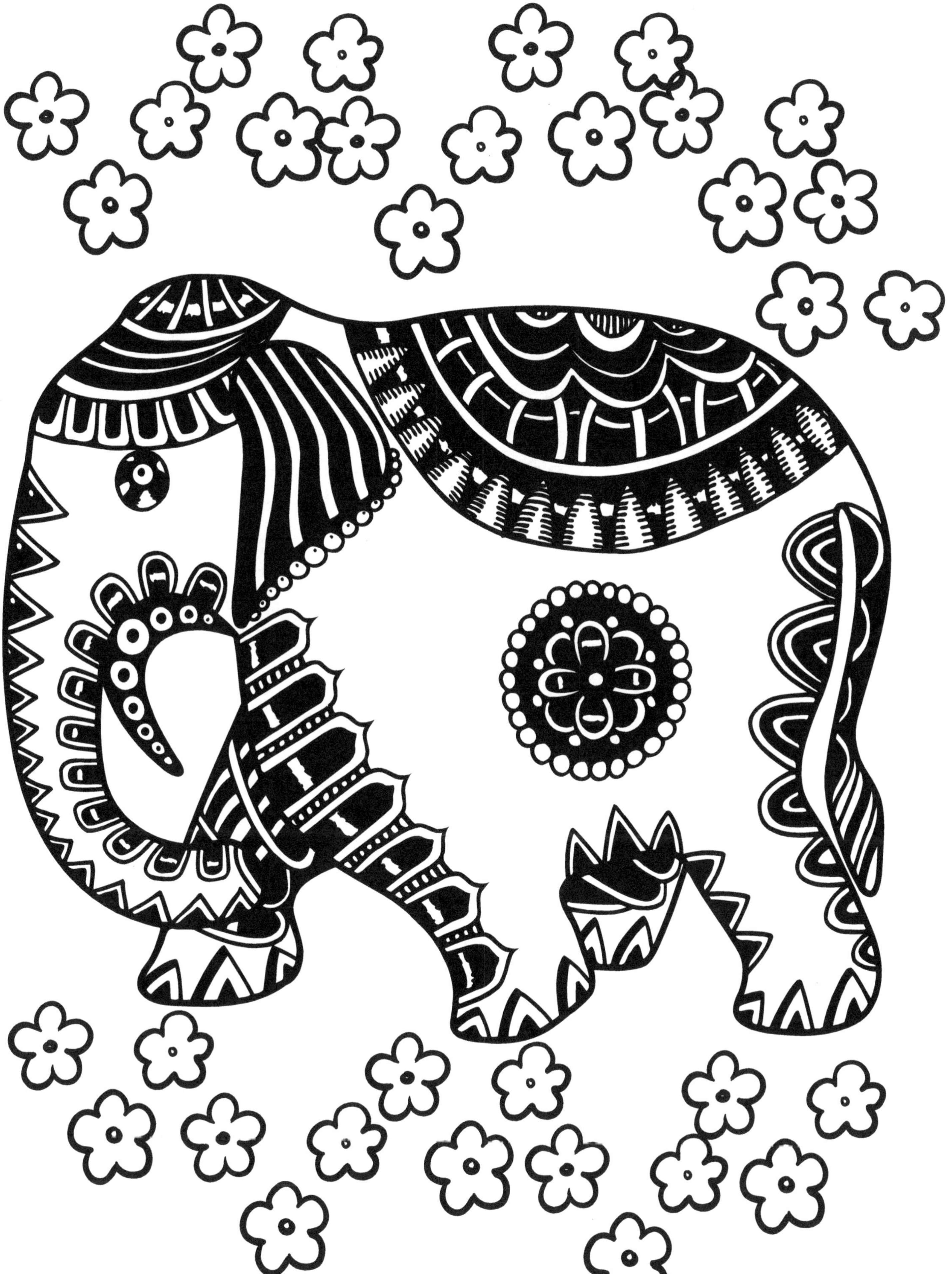

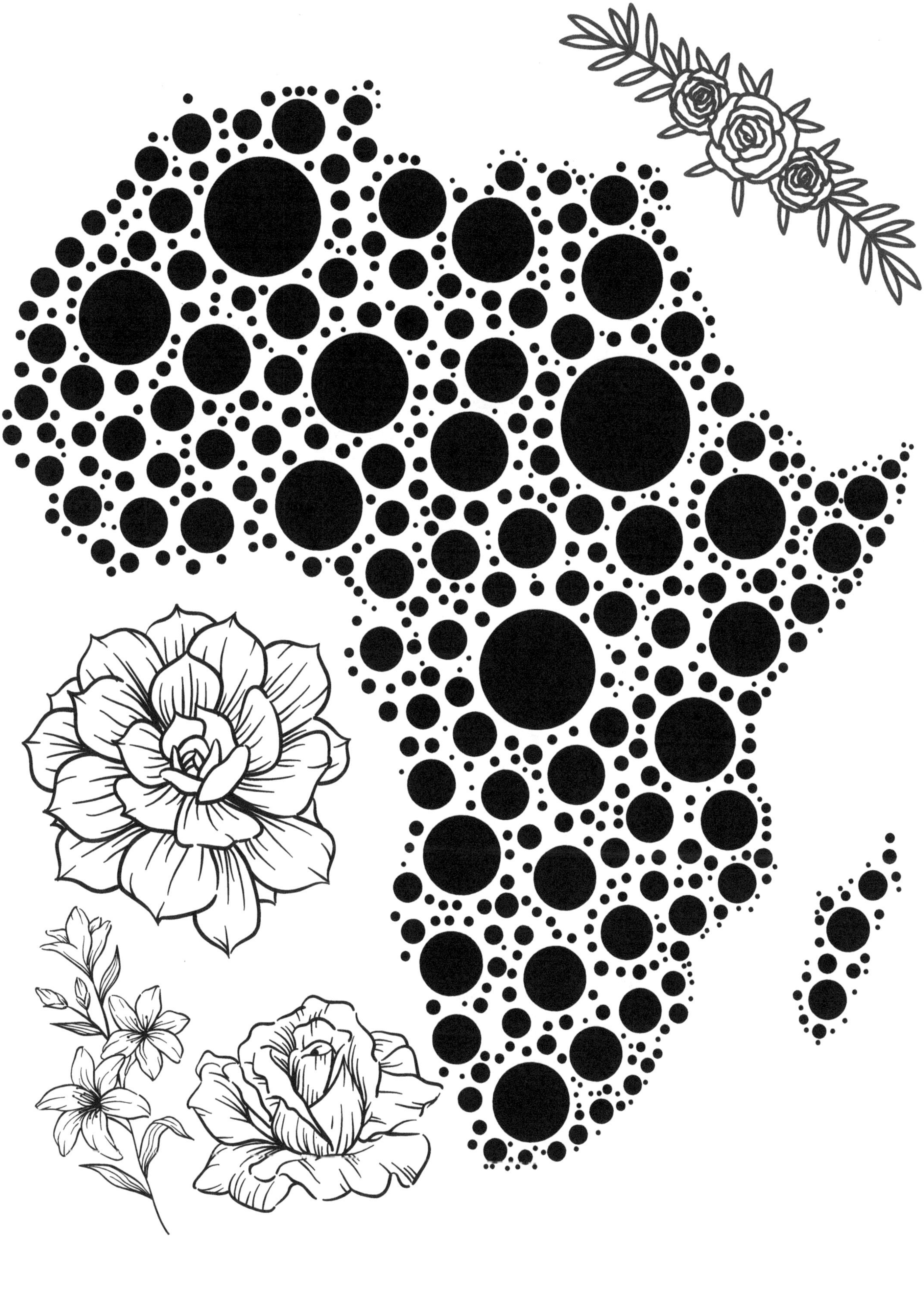

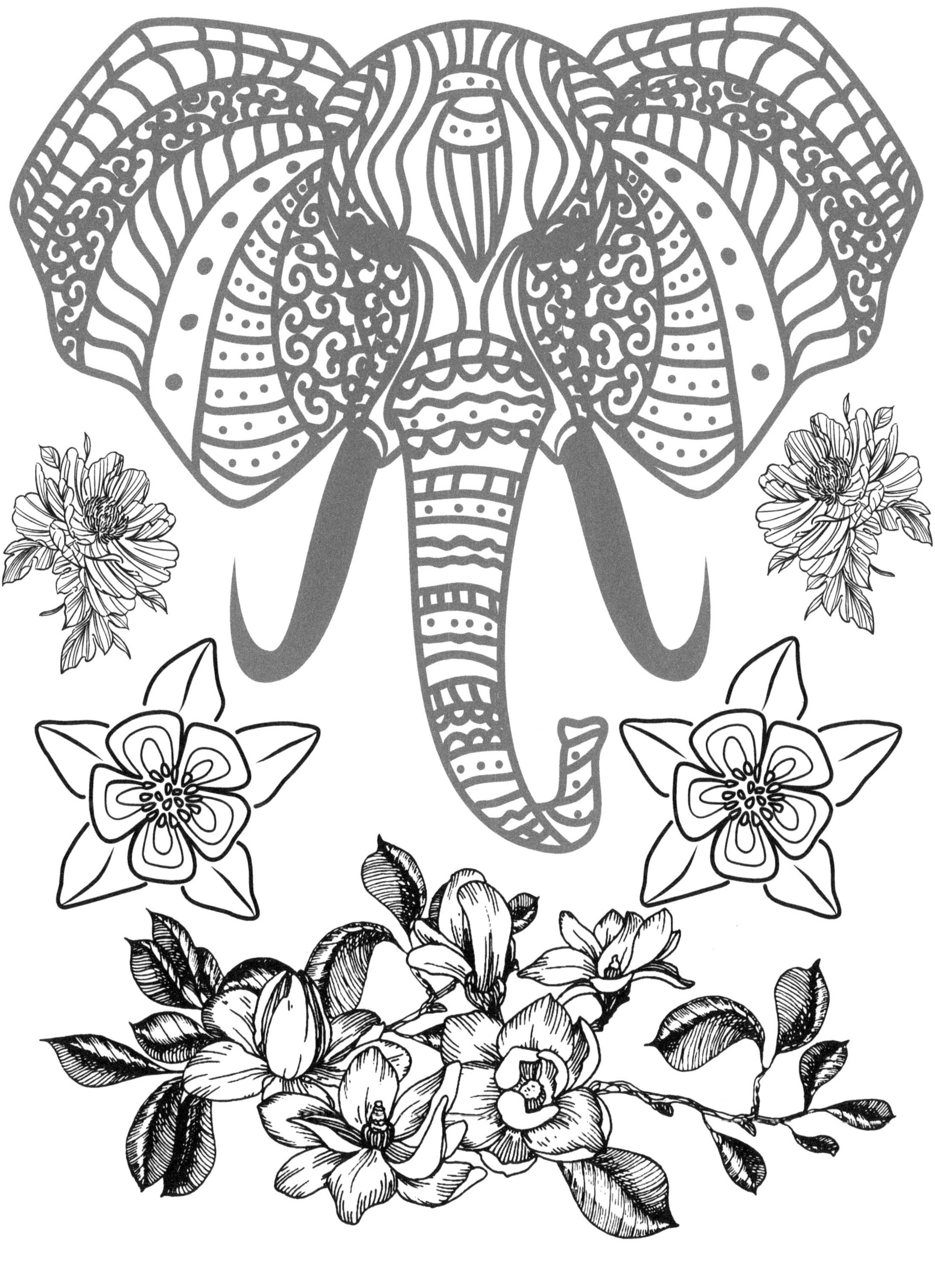

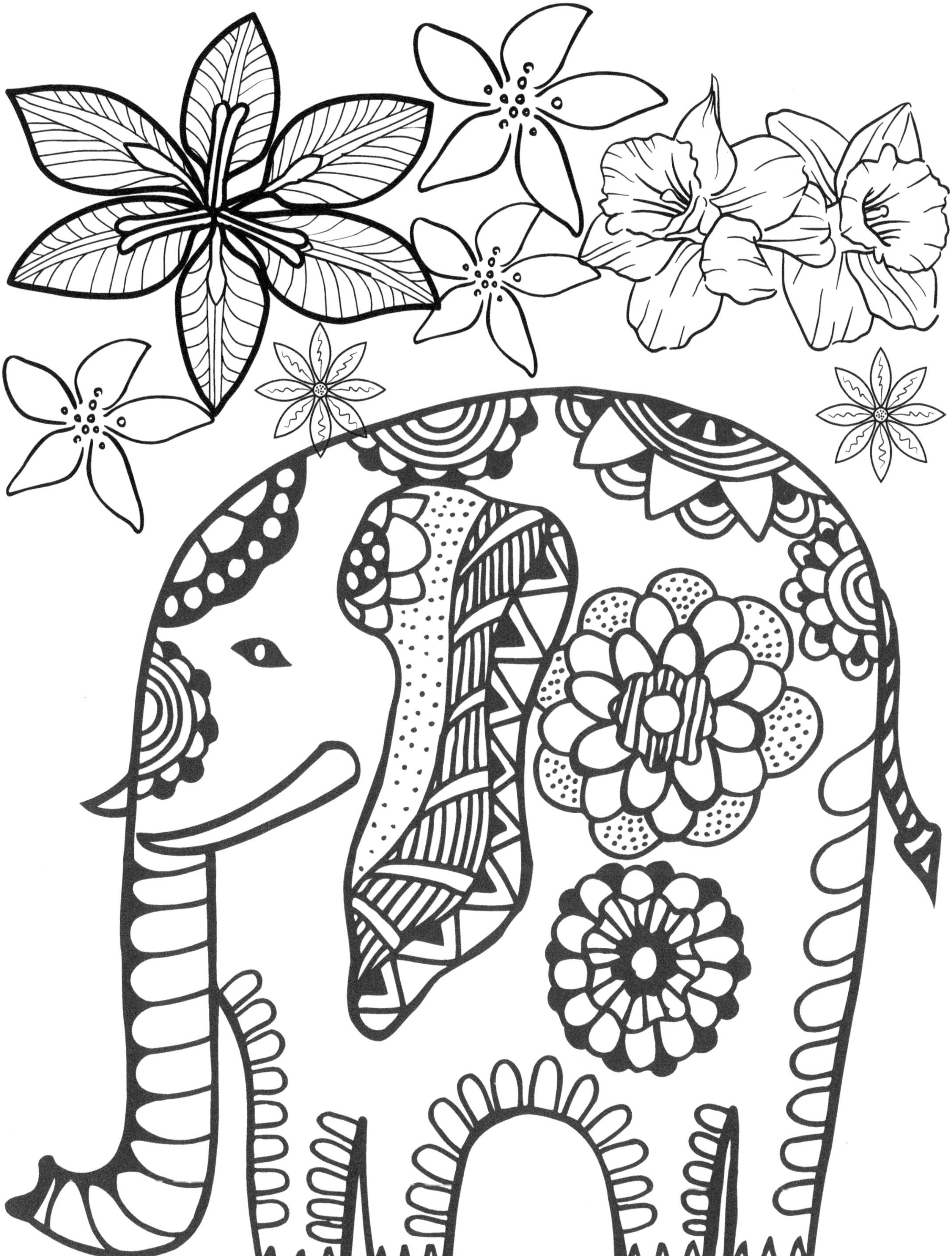

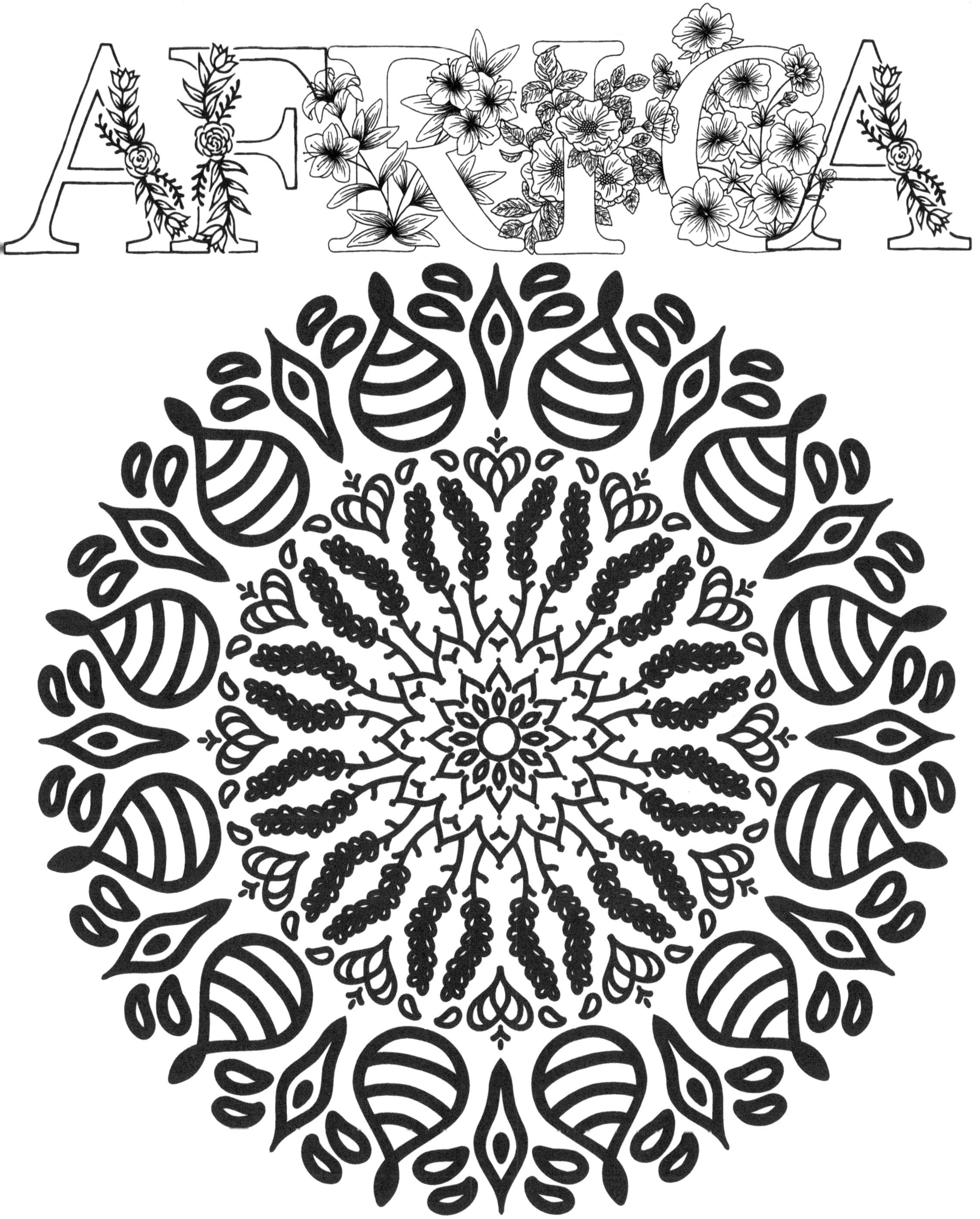
AFRICA

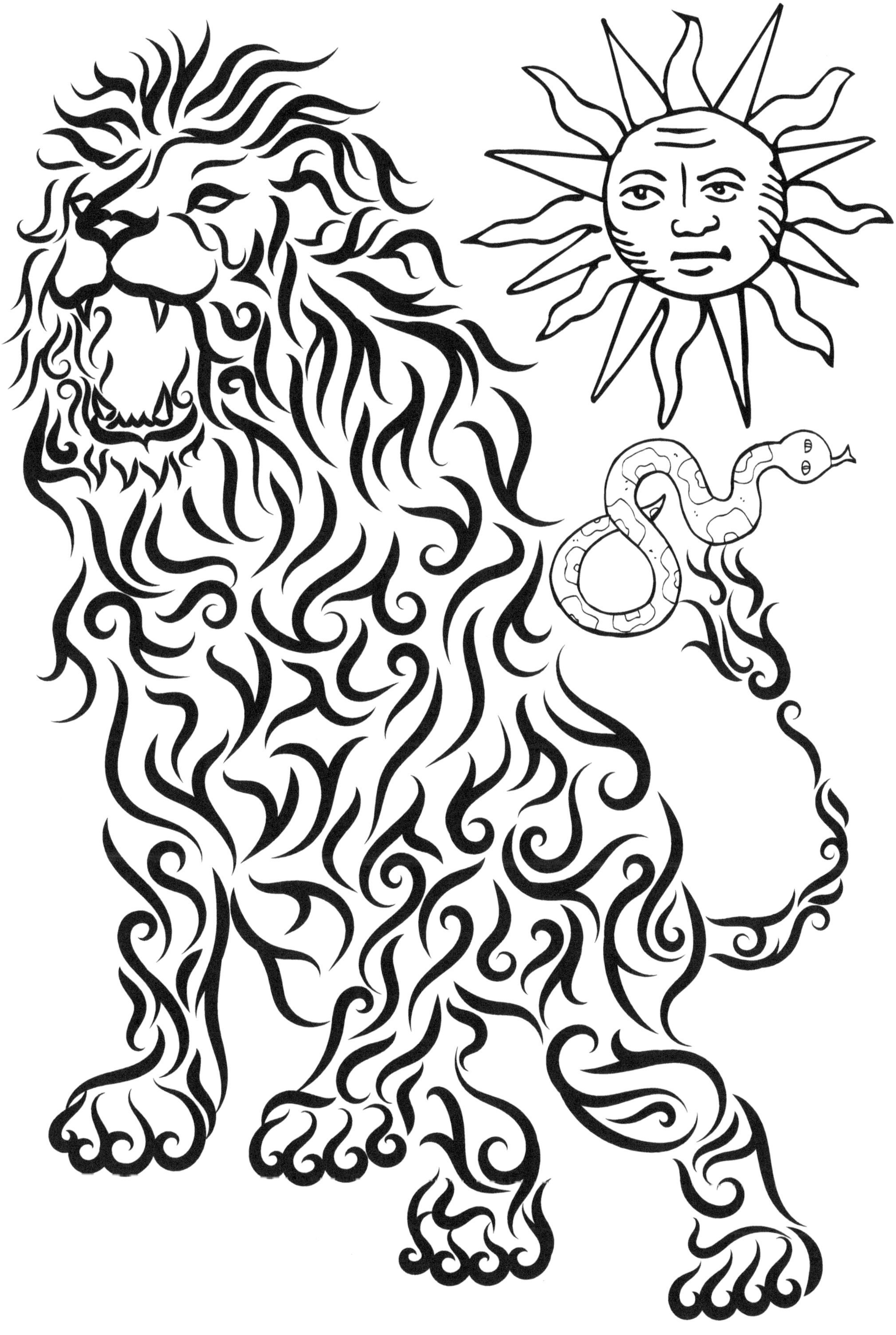

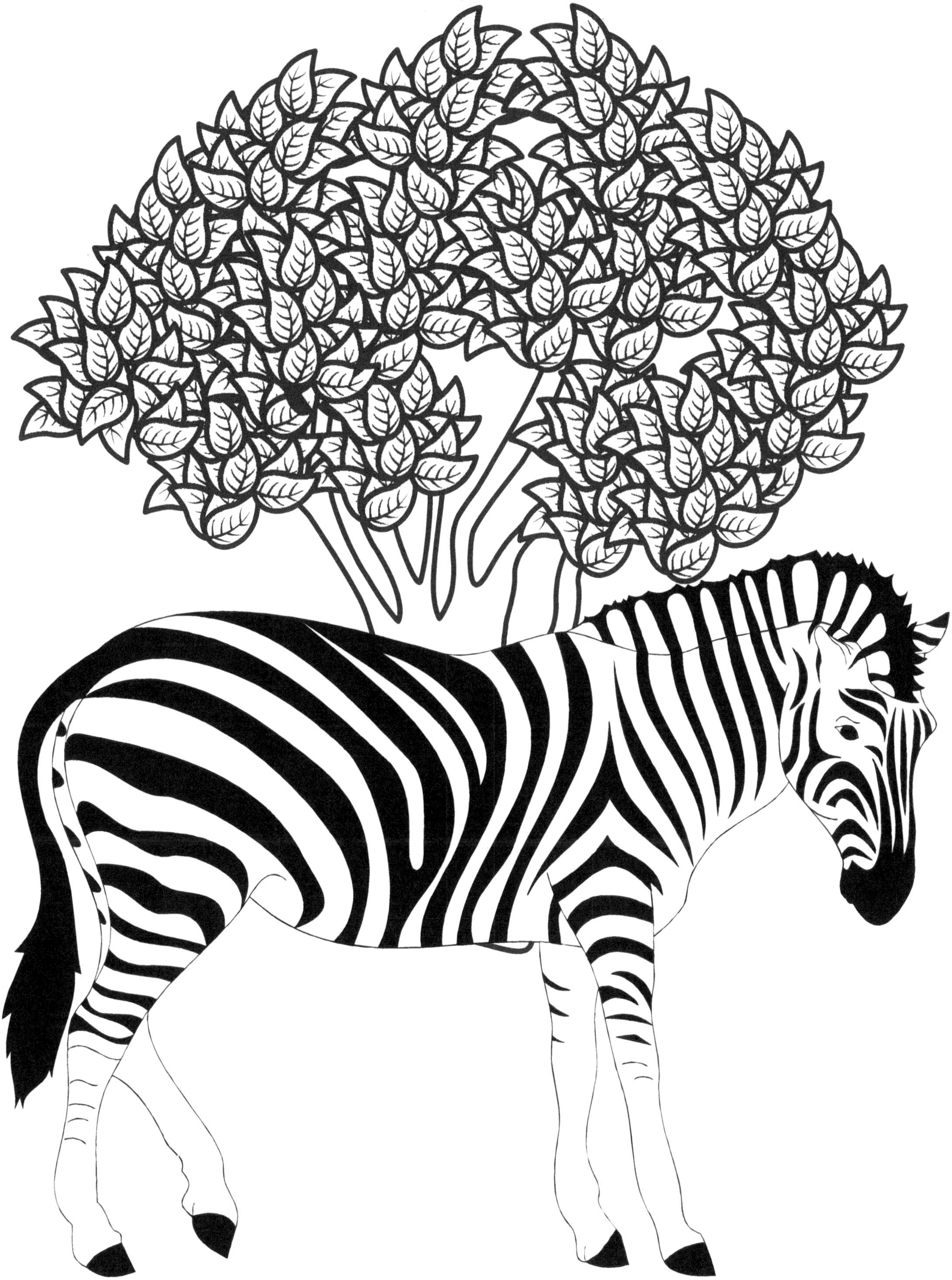

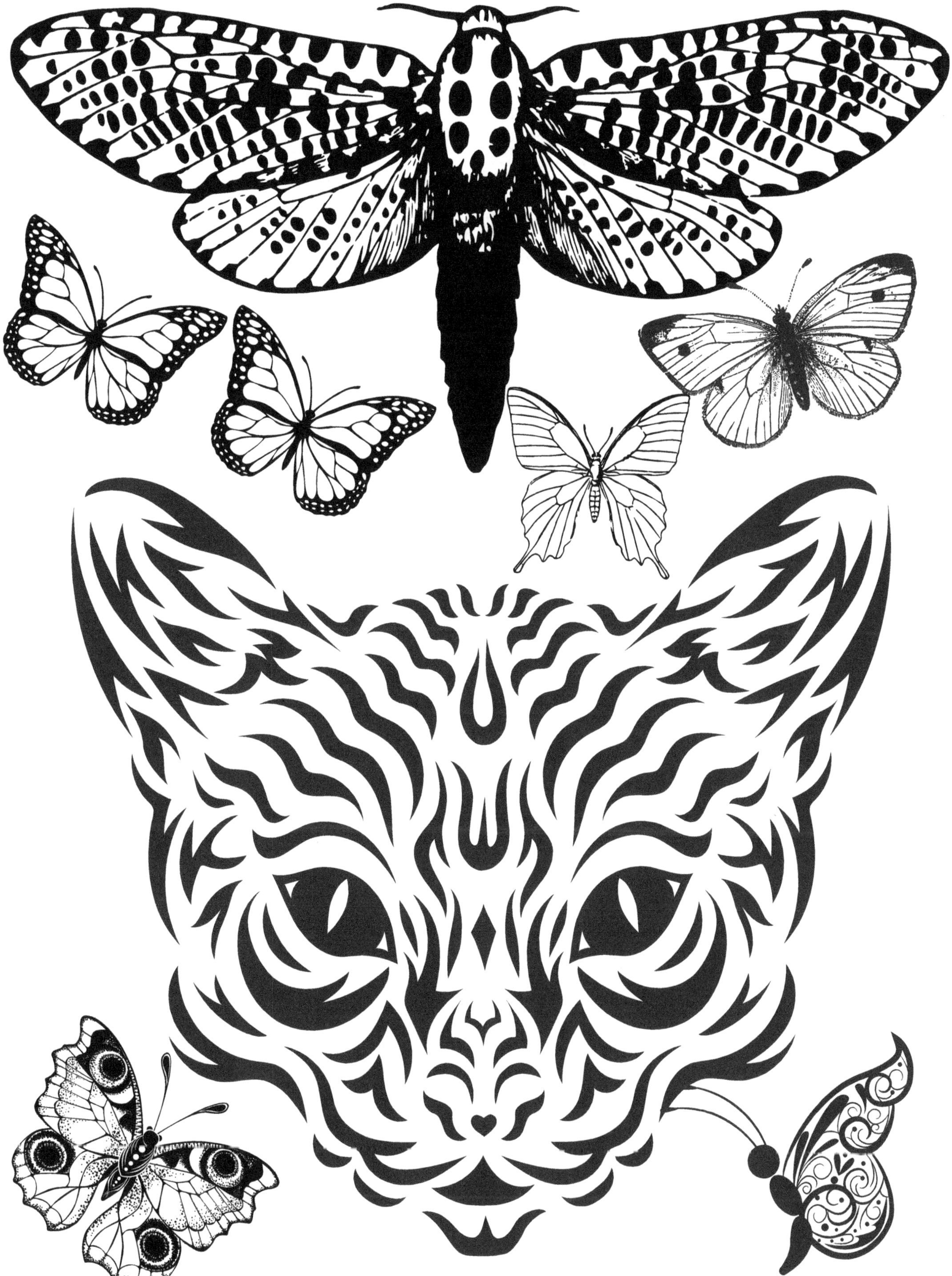

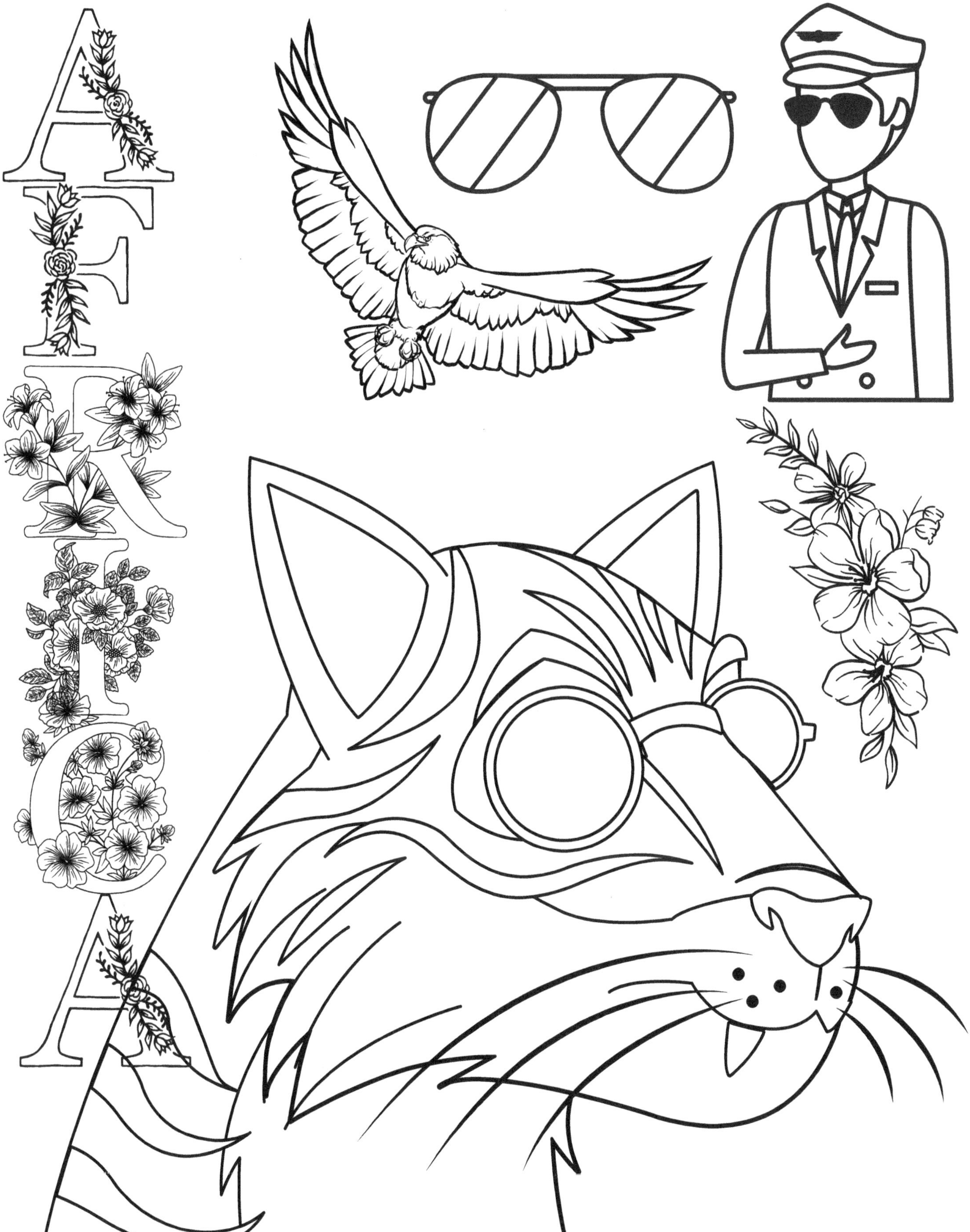
AFRICA

CONGO

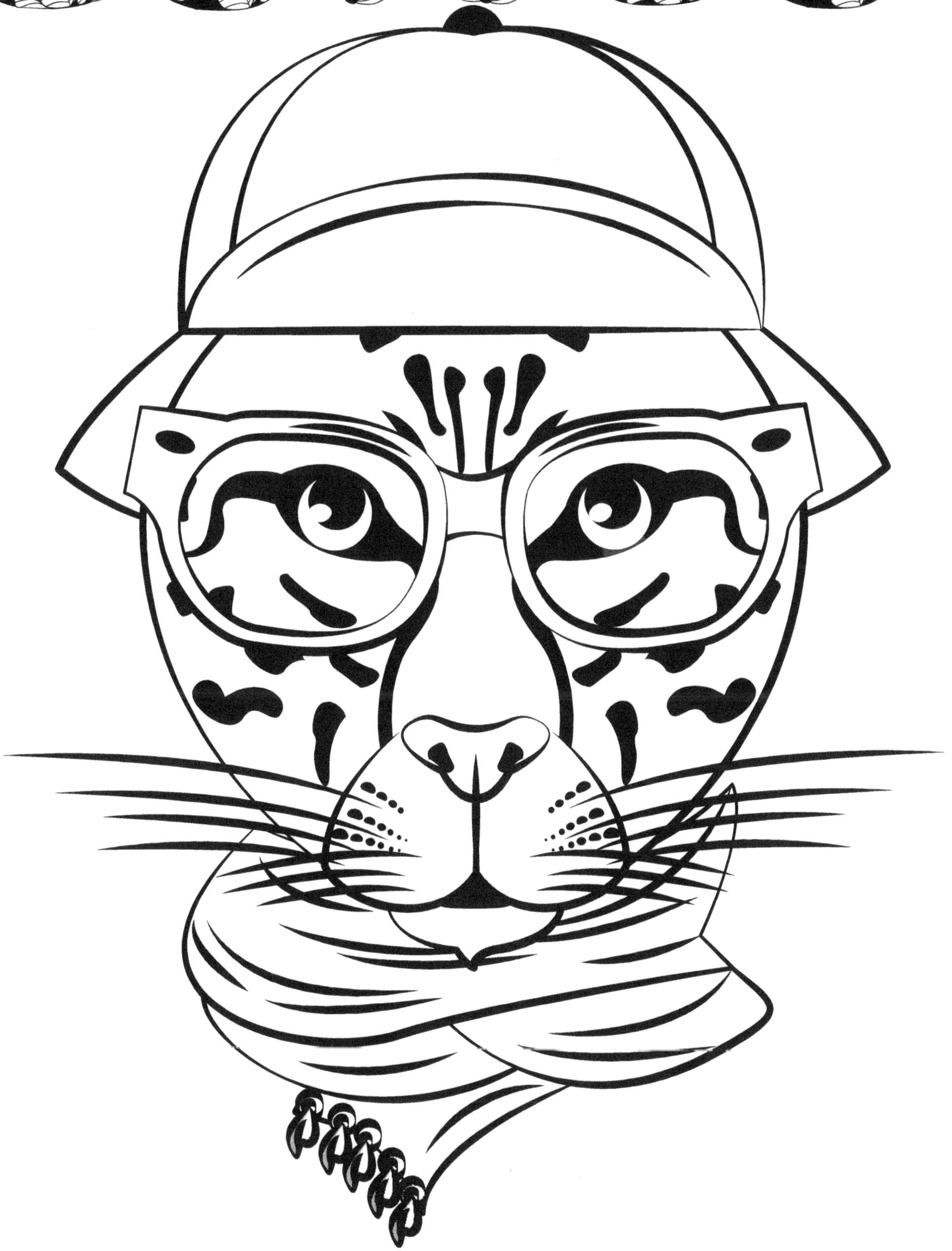

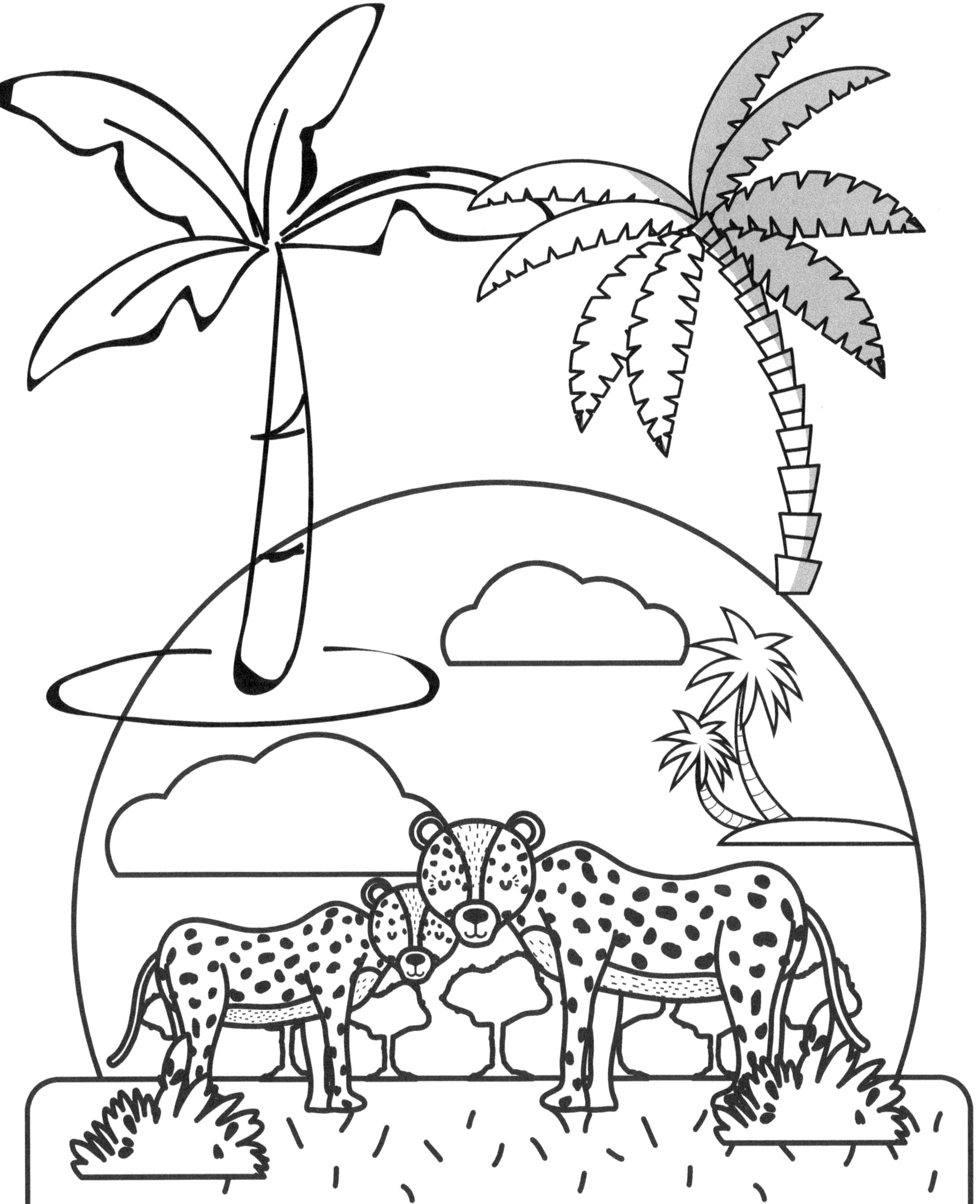

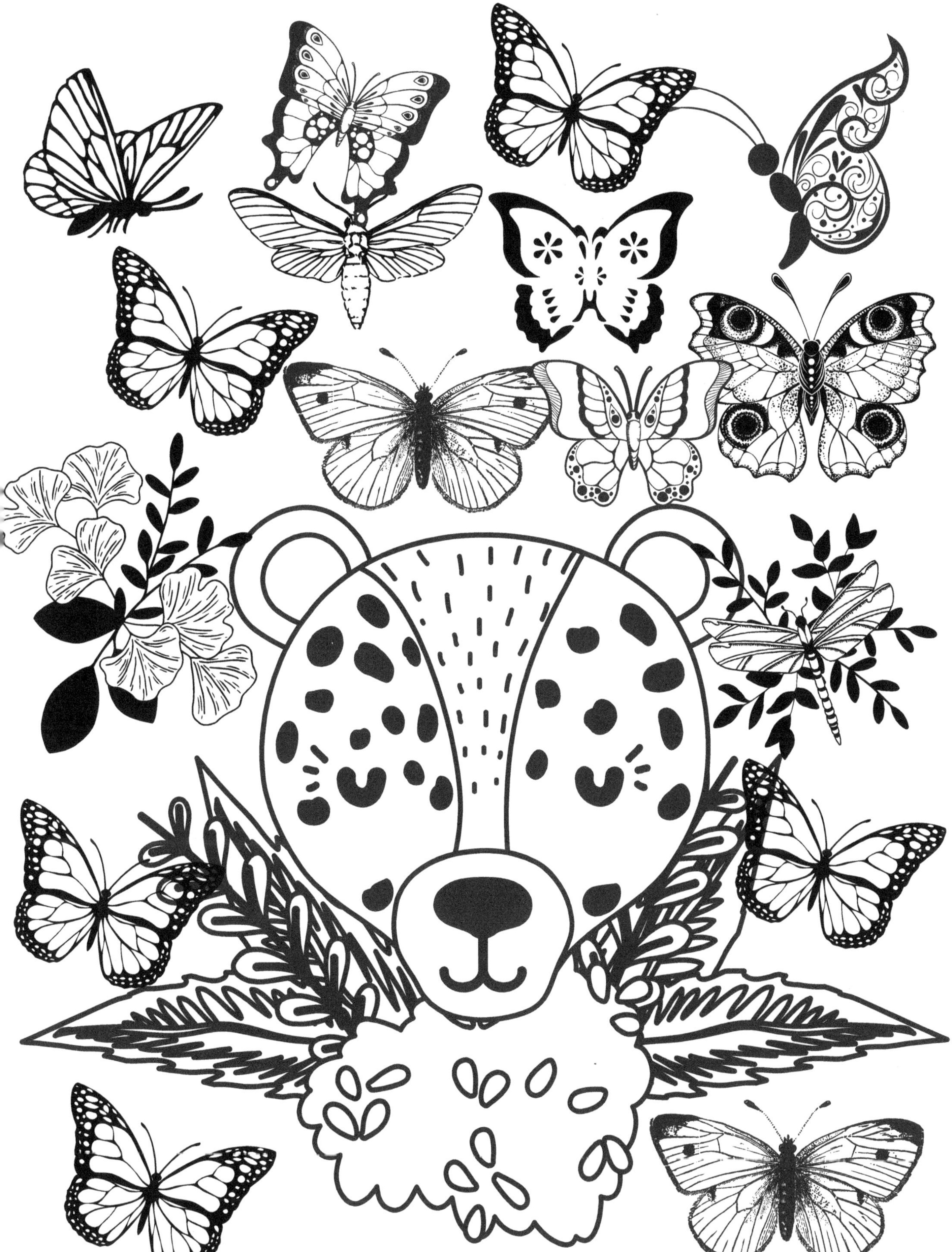

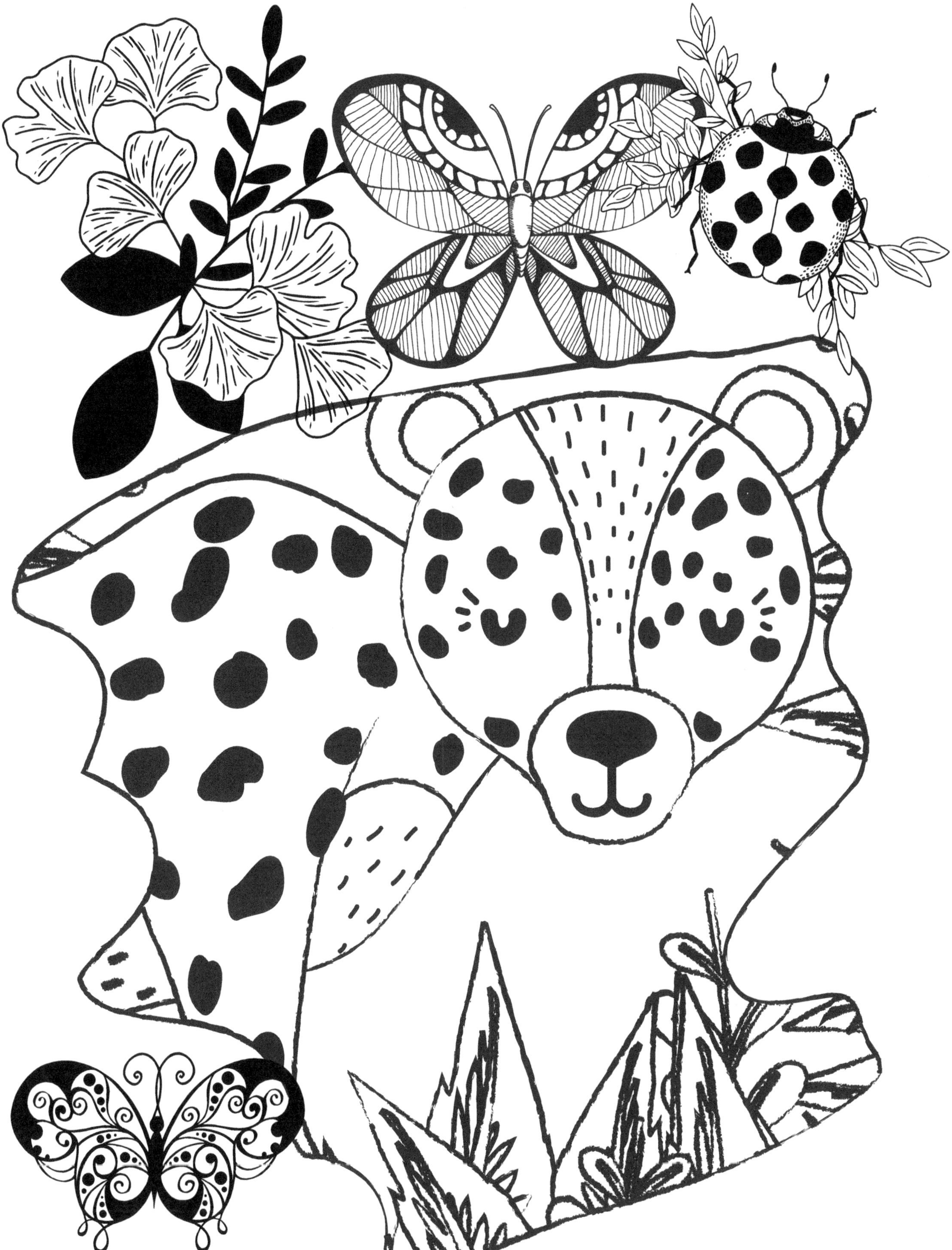

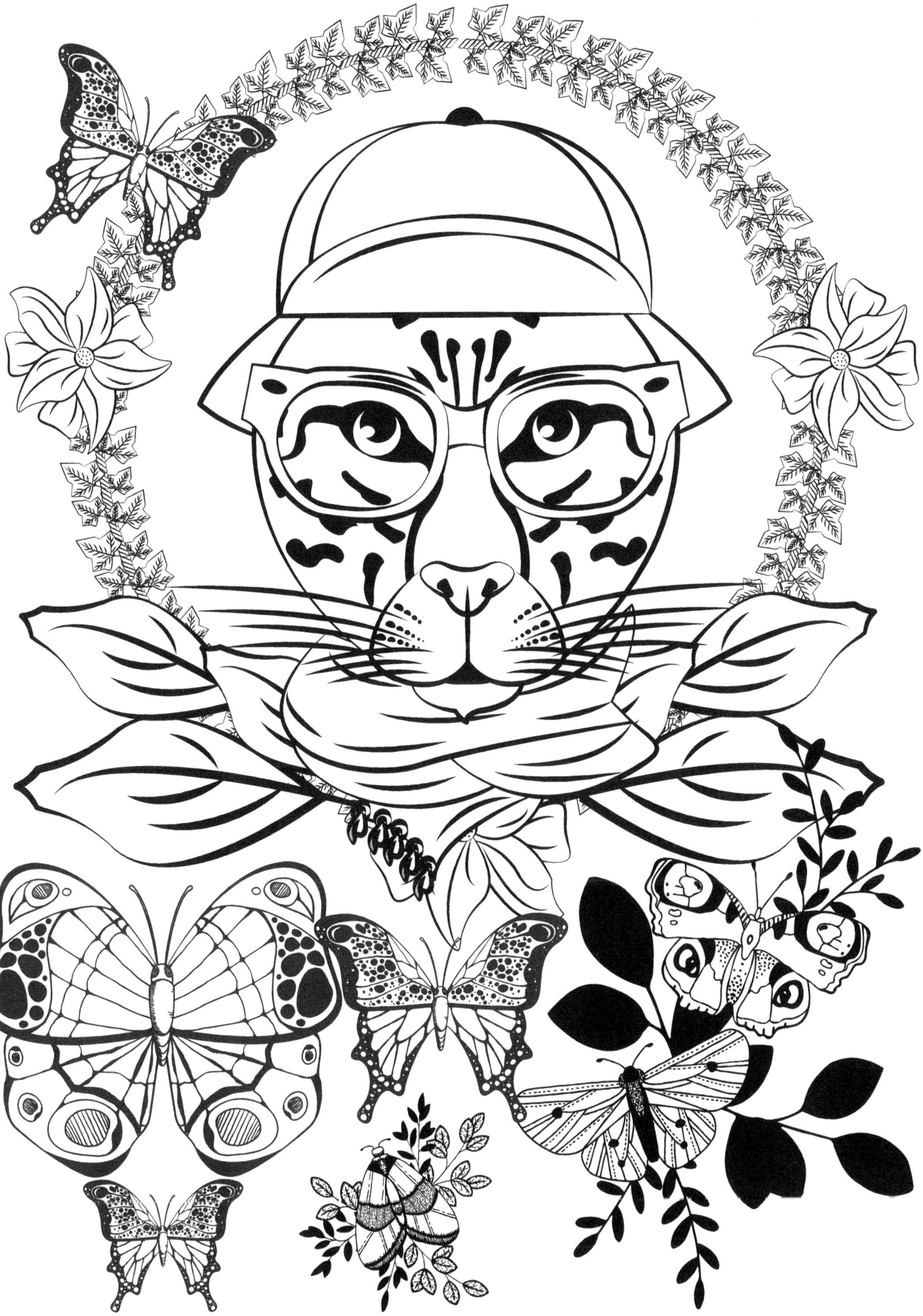

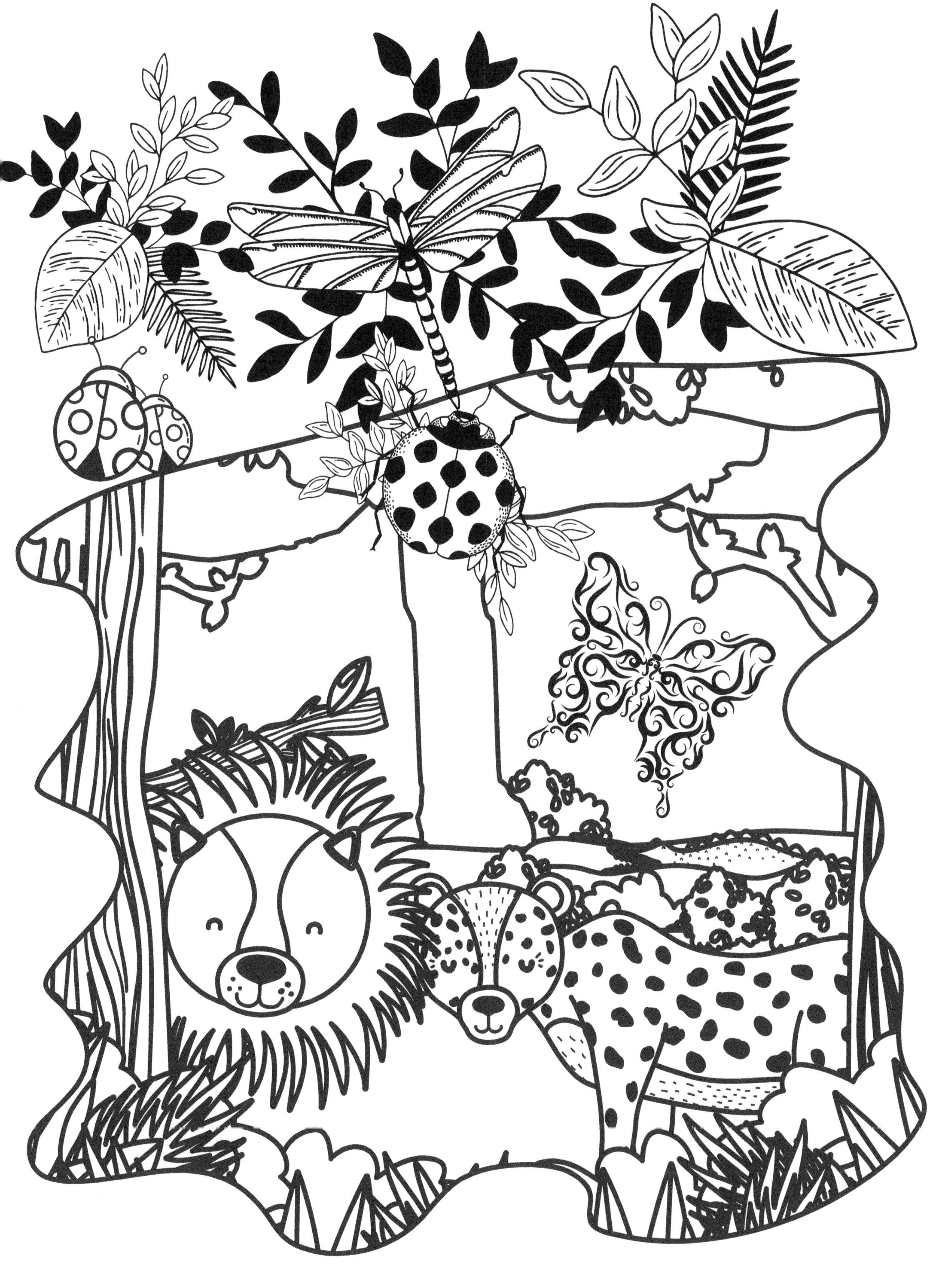

KENYA

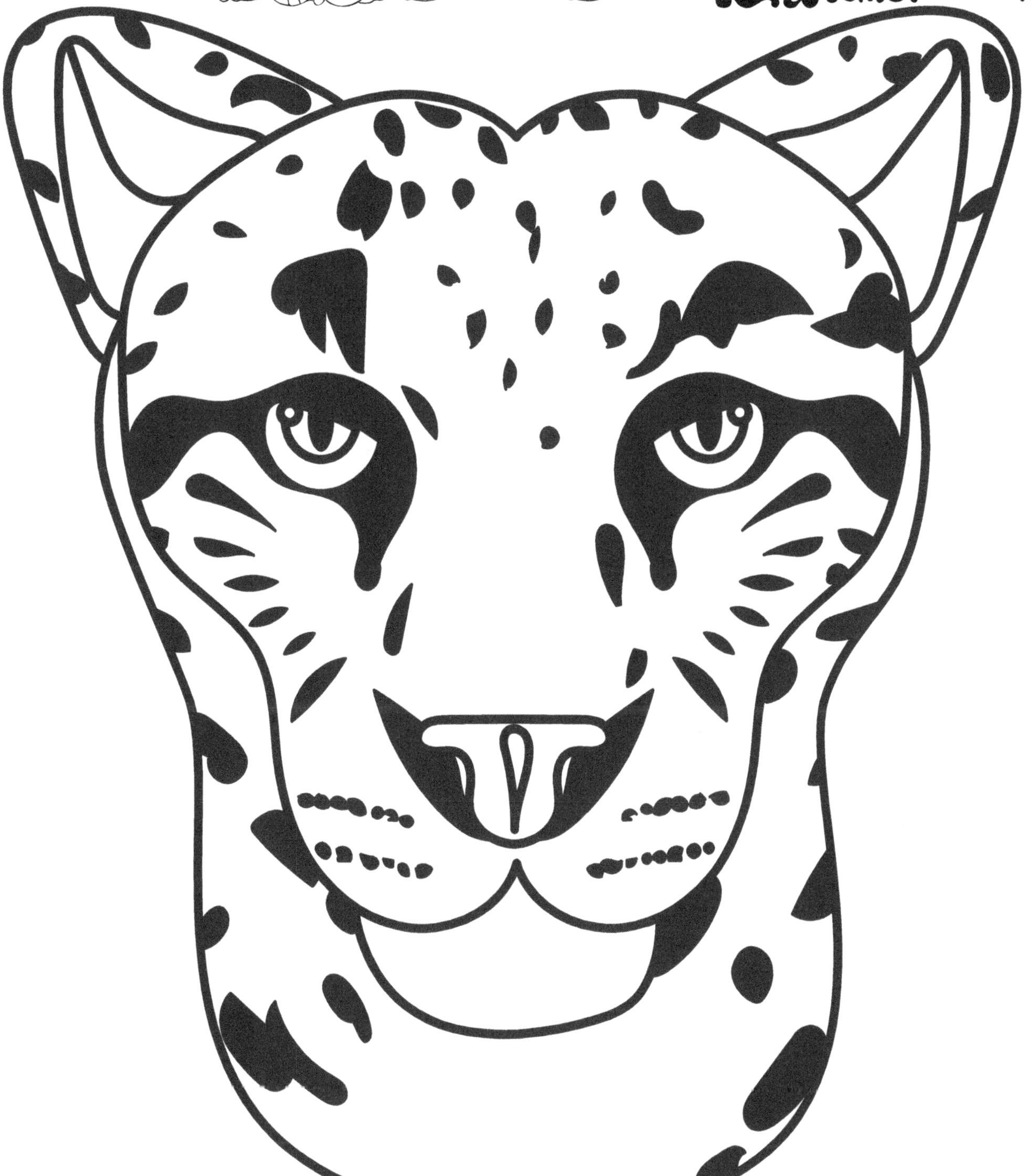

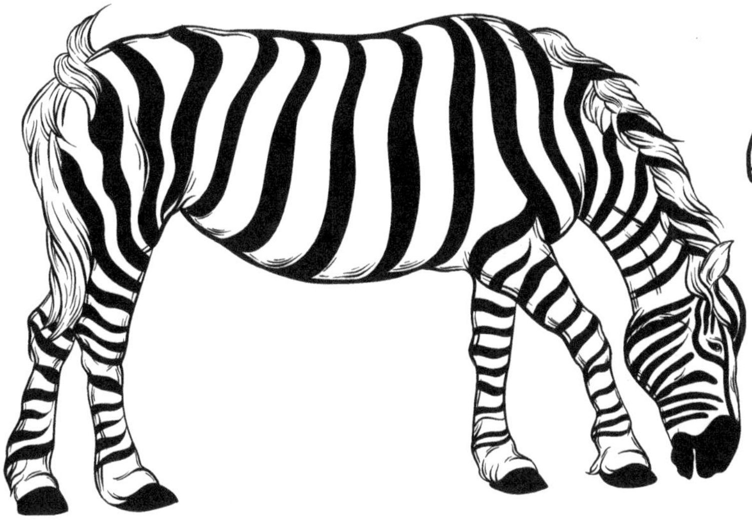
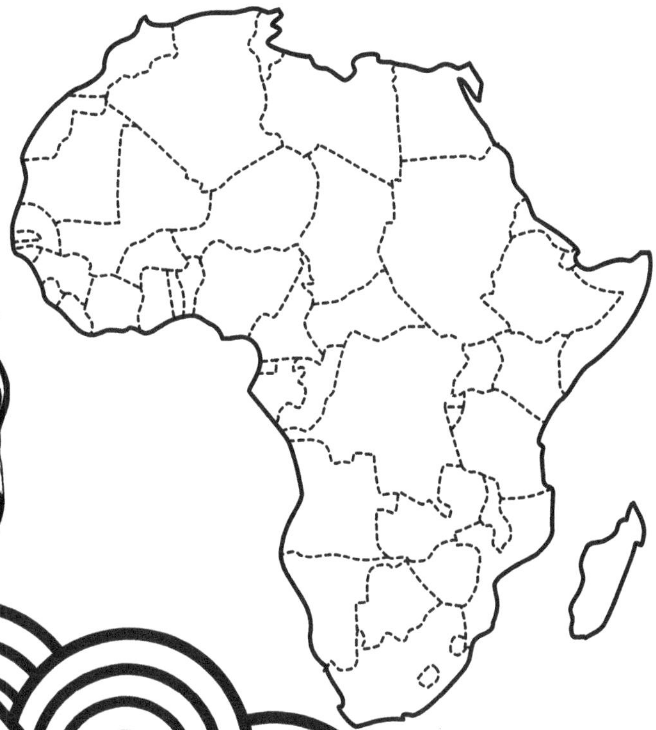
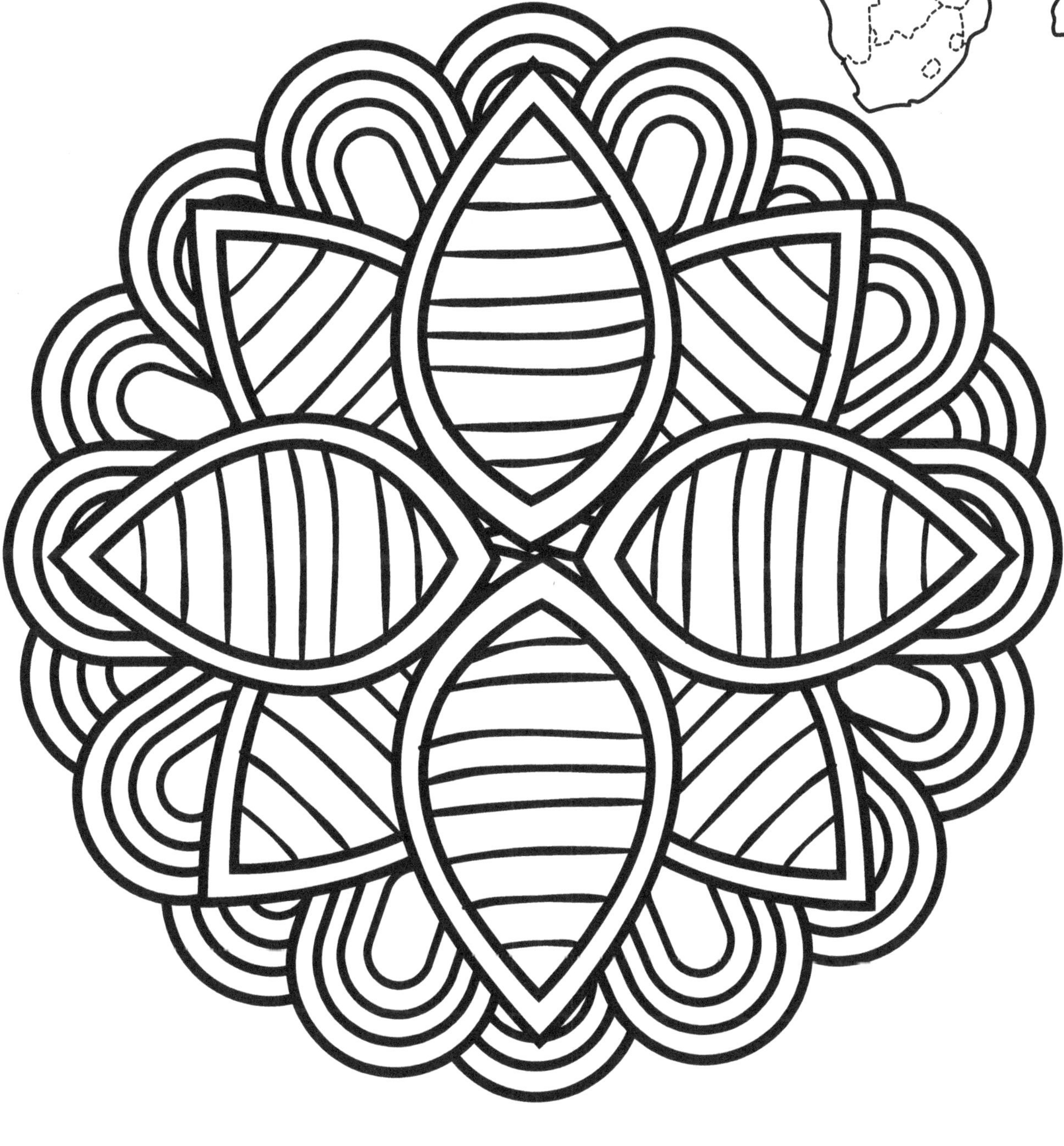

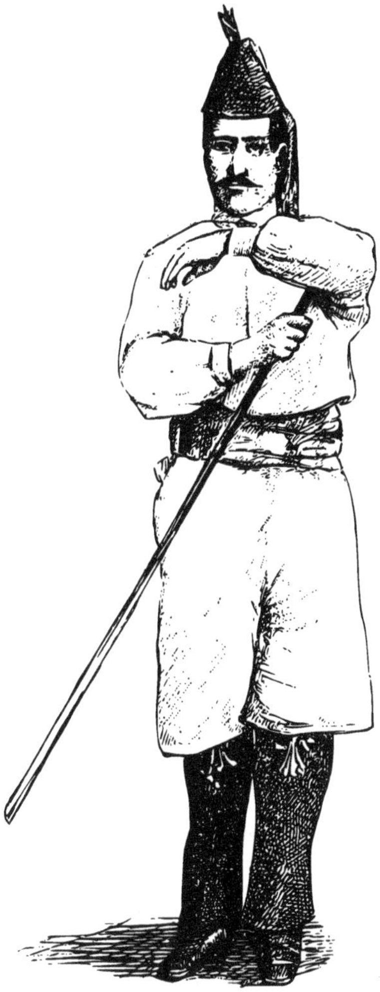
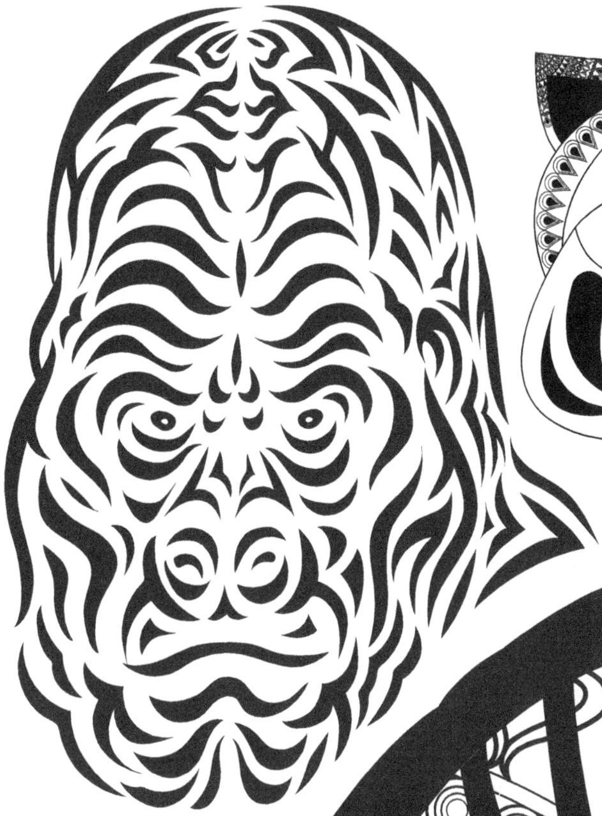
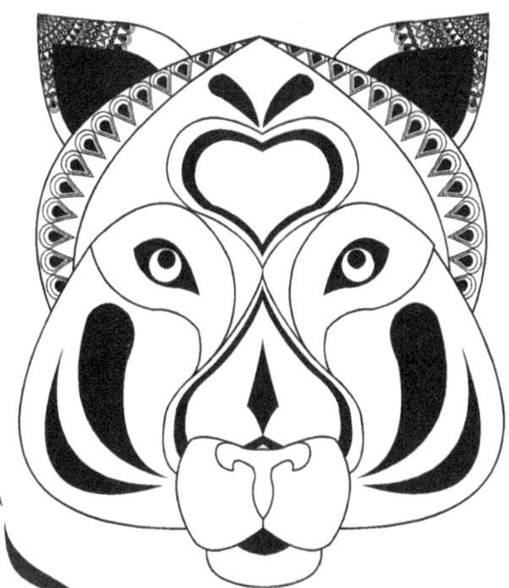
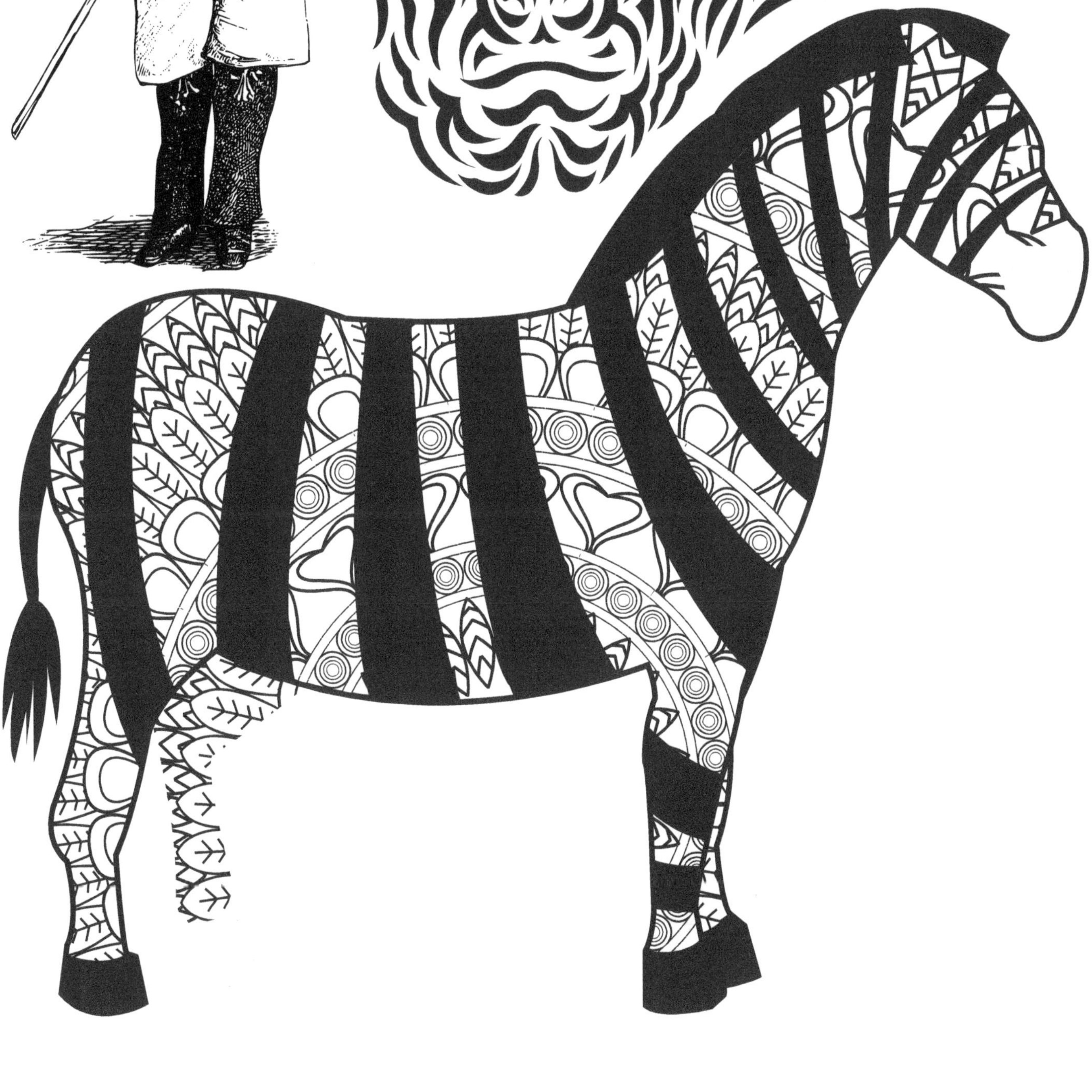

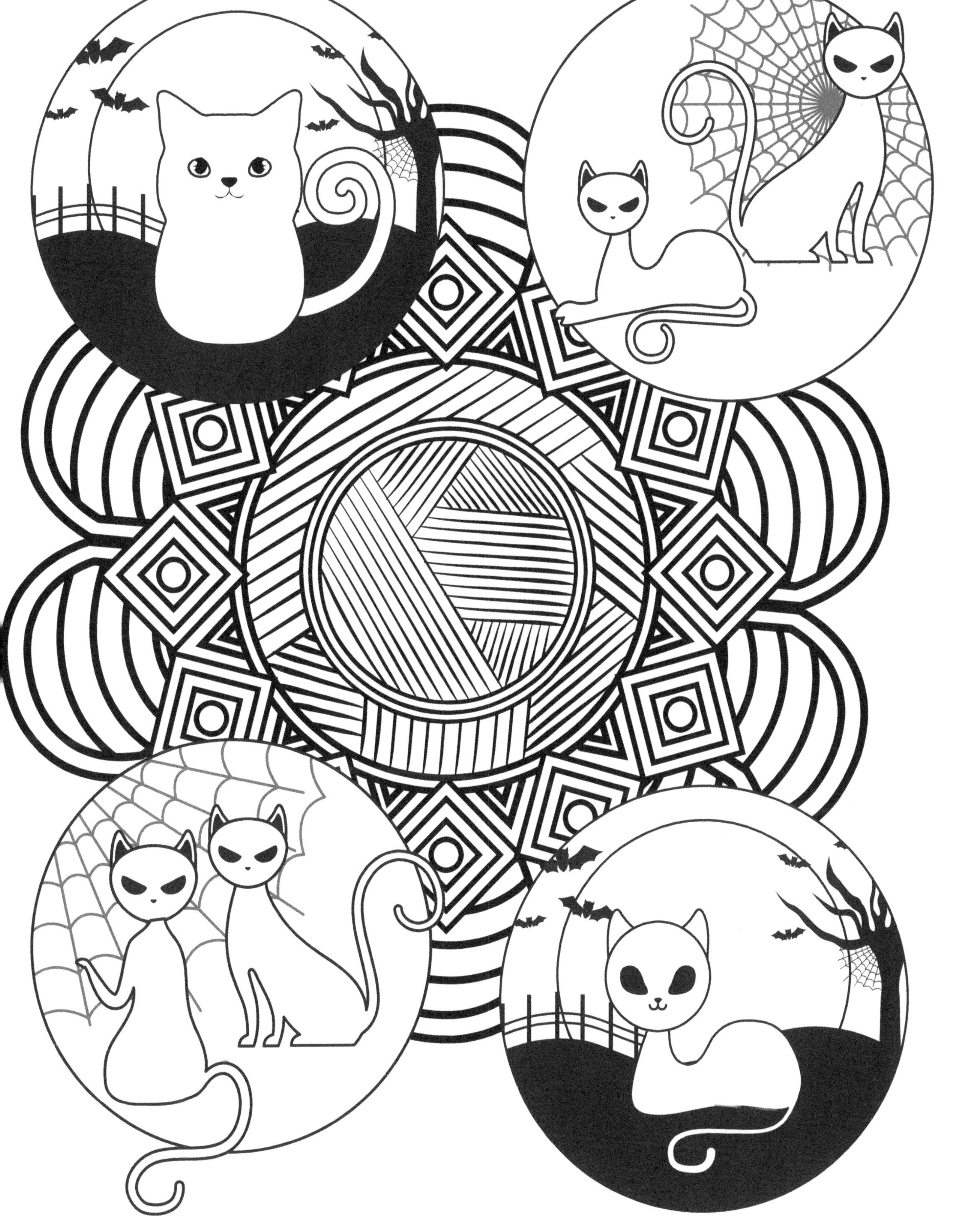

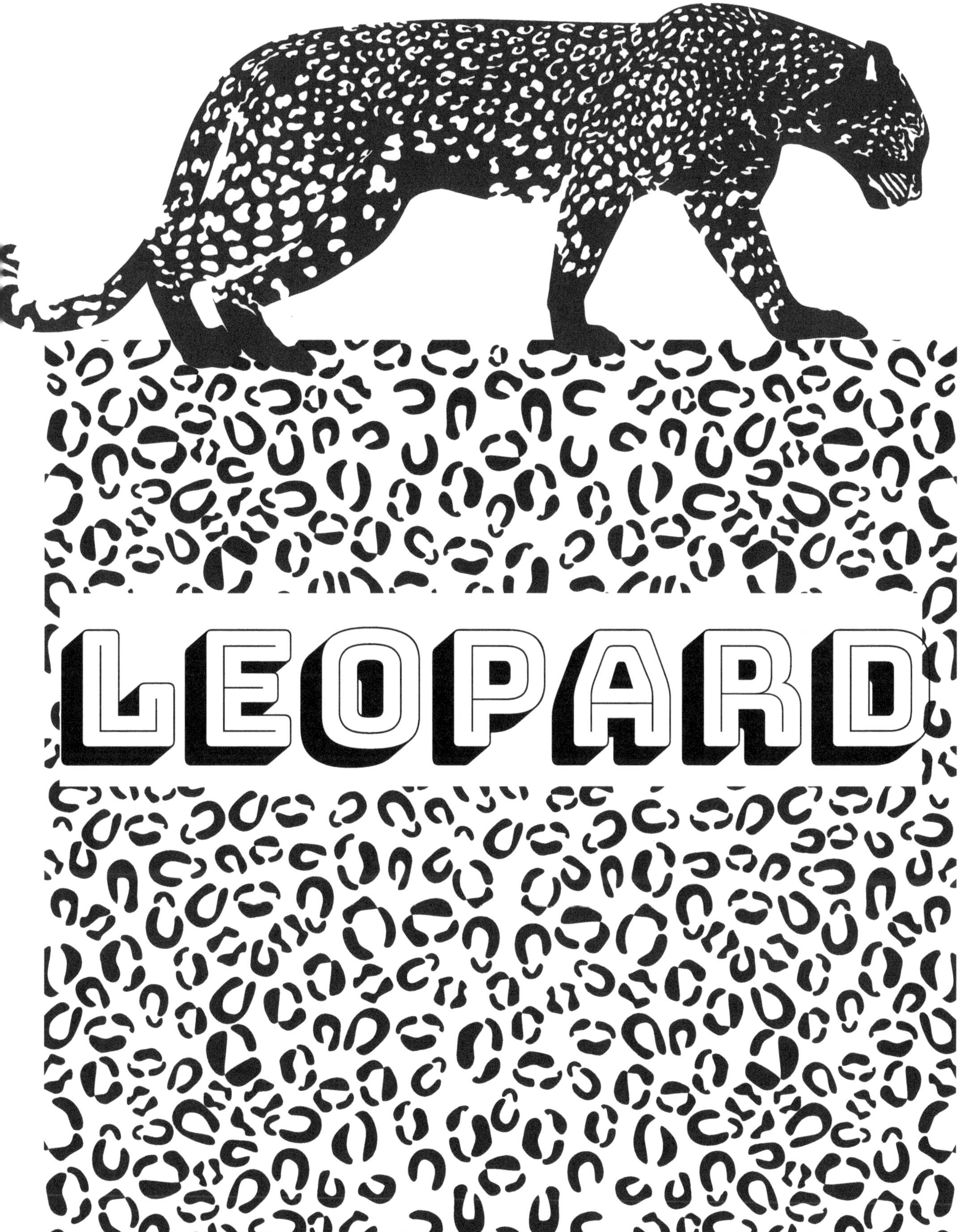
LEOPARD

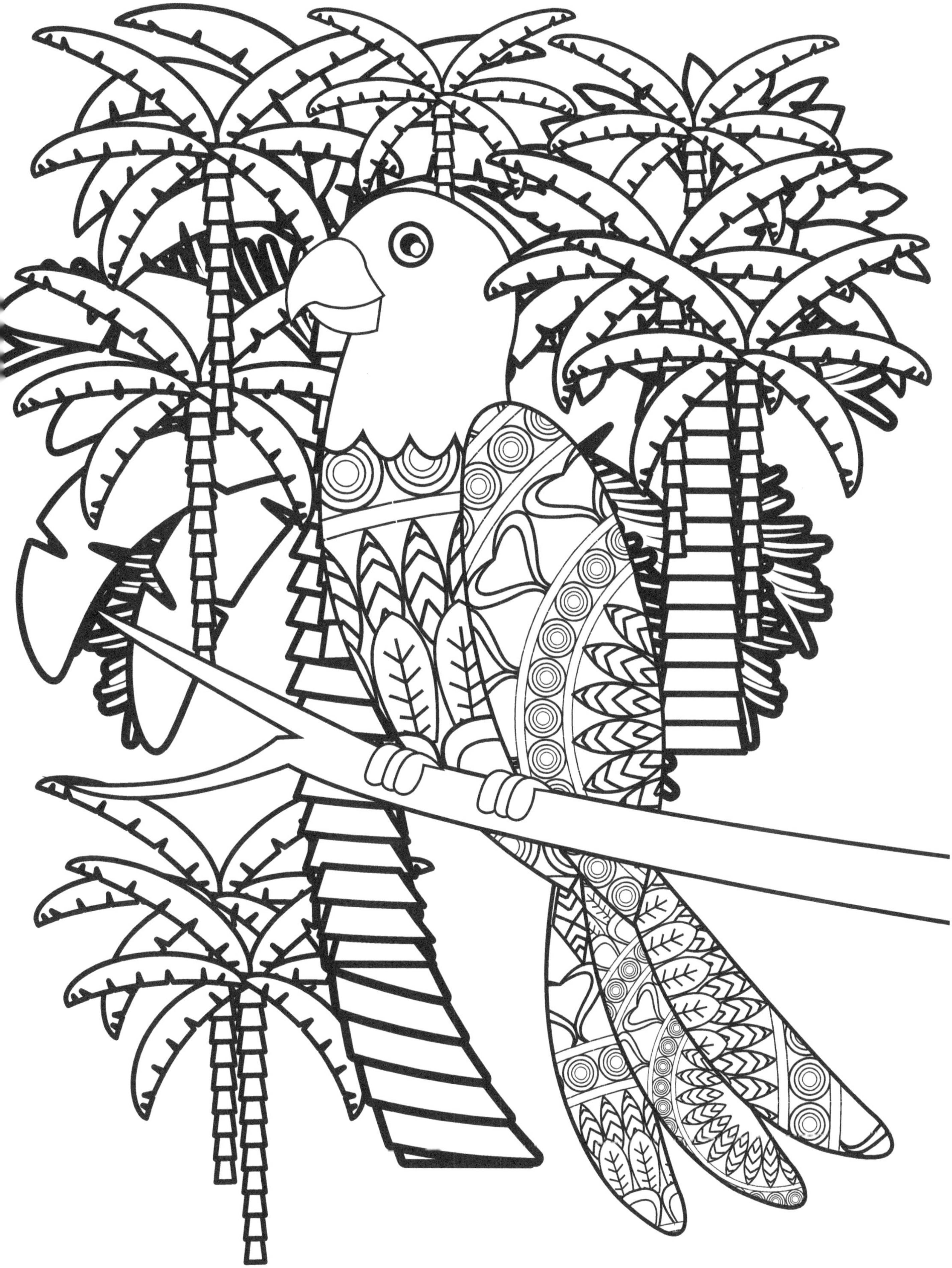

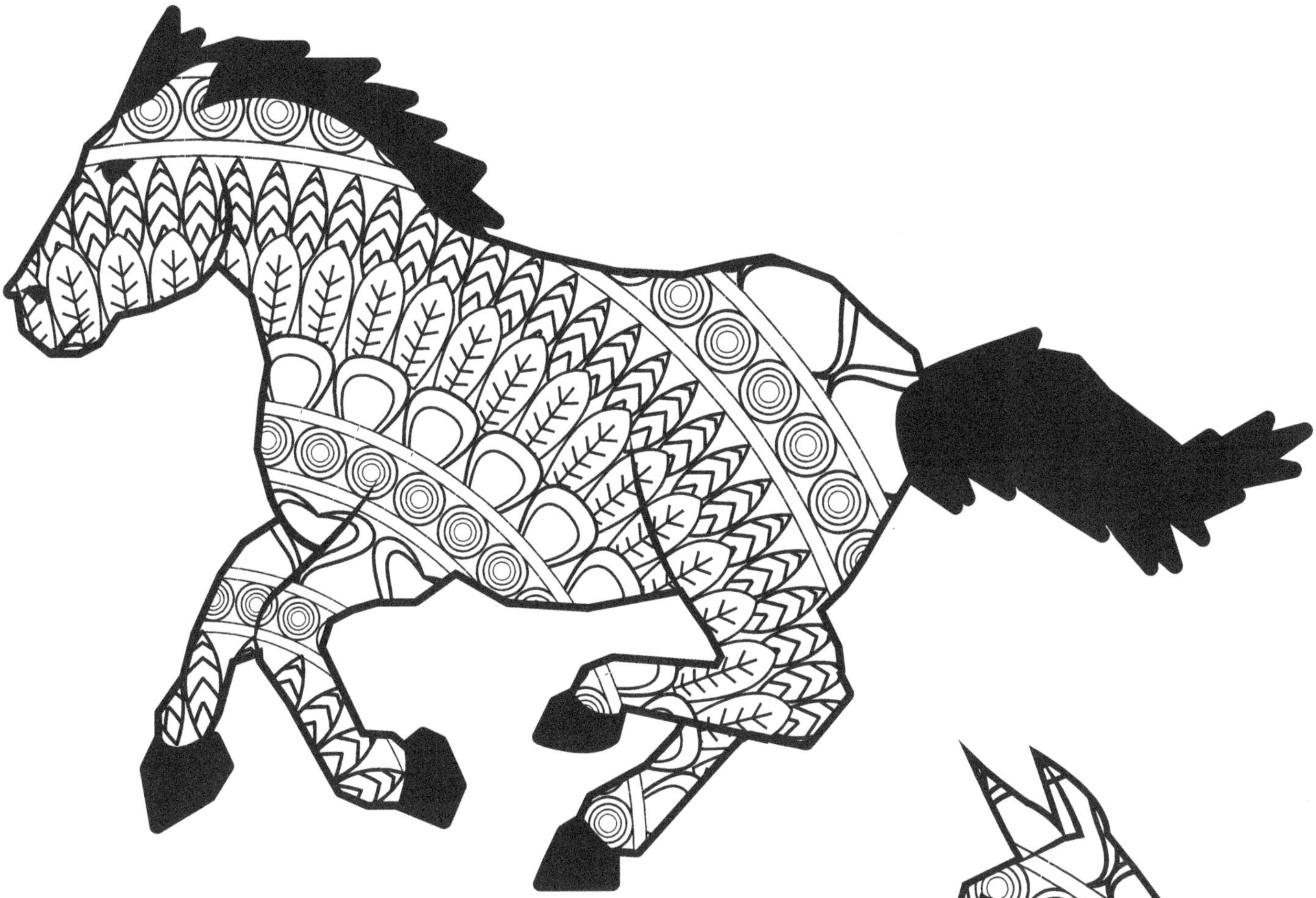
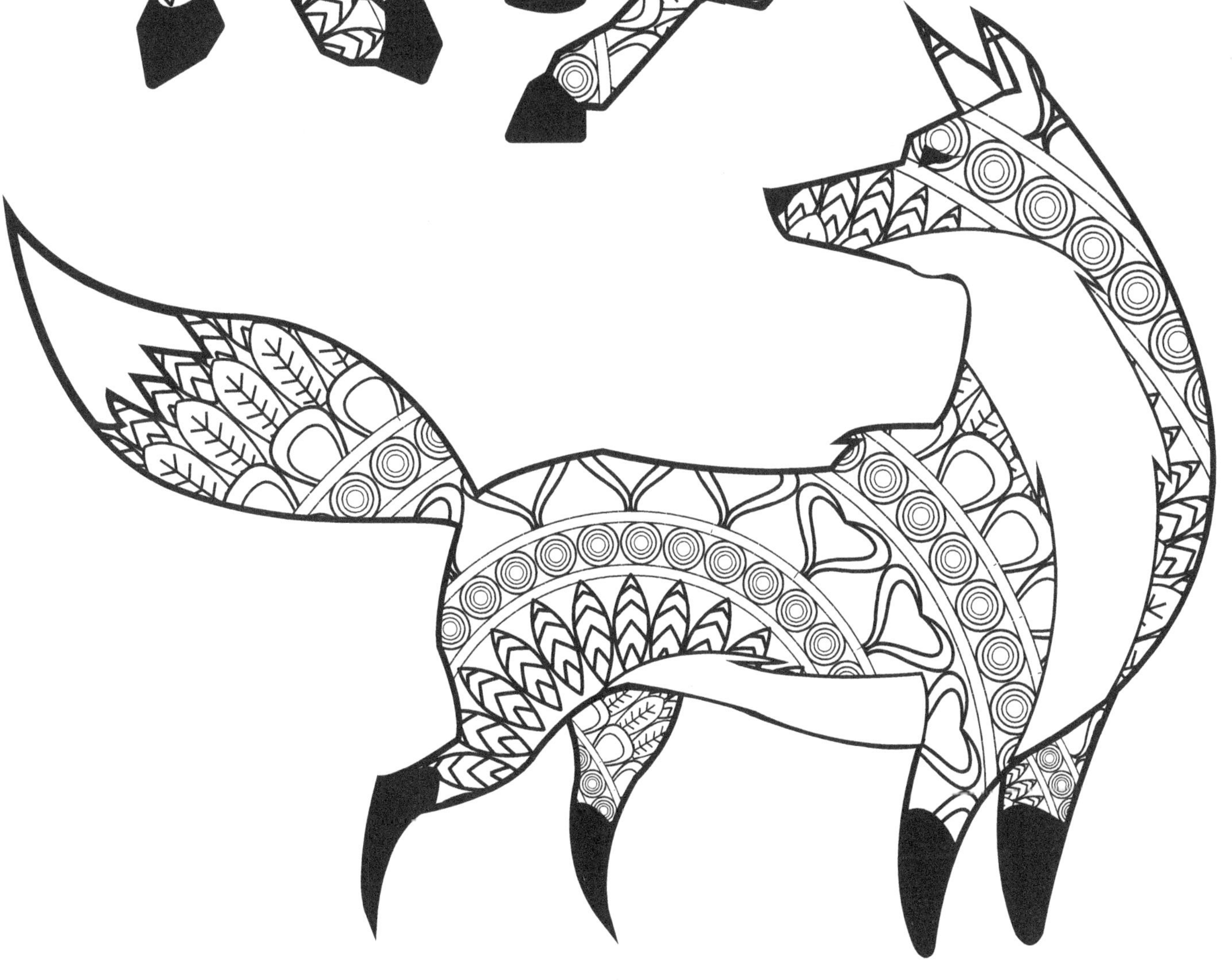

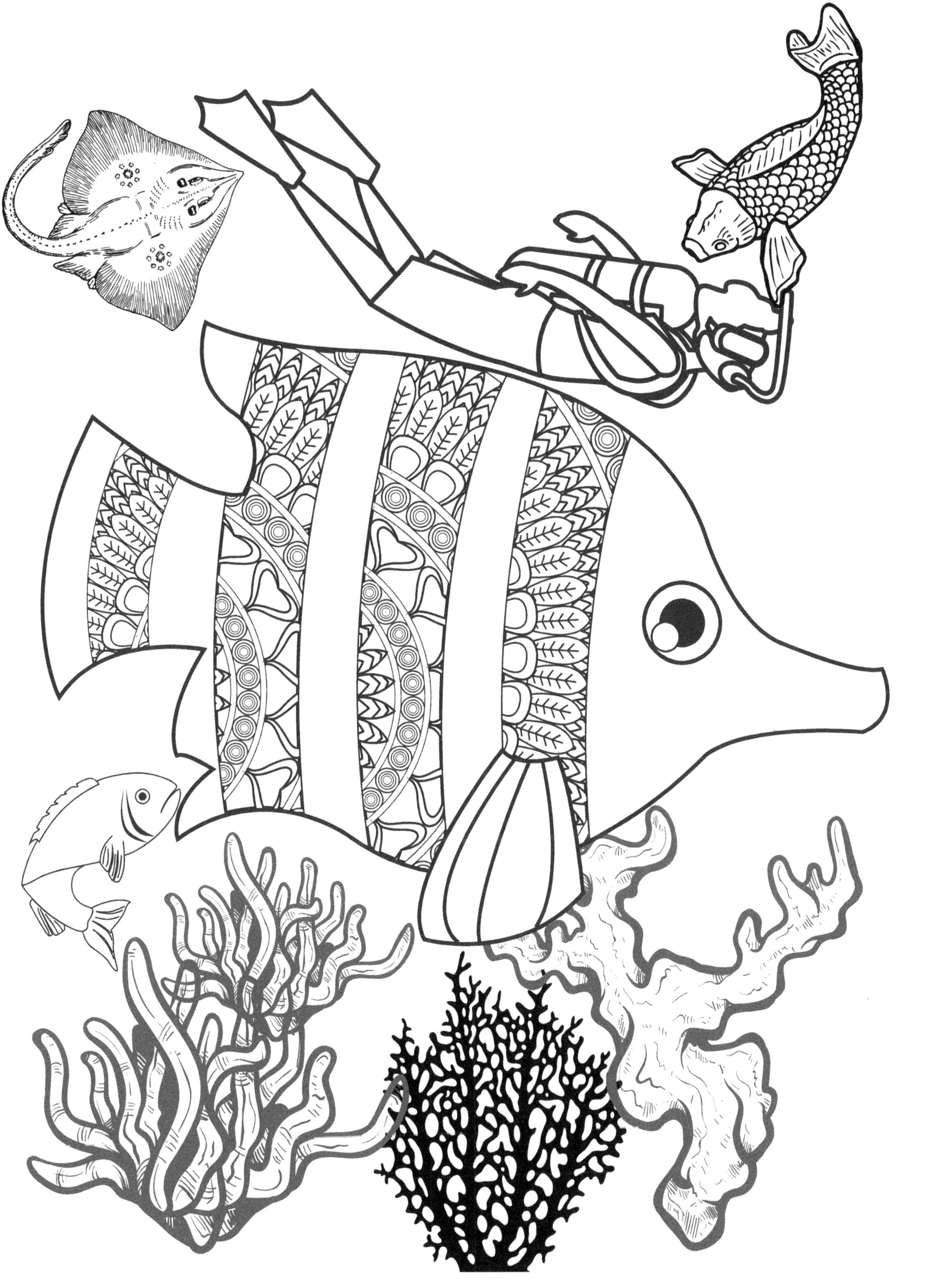

CPSIA information can be obtained
at www.ICGtesting.com
Printed in the USA
BVHW052025300421
606133BV00013B/2059

9 787521 626513